Constituição e Emoções

Fabiano Mendonça

CONSTITUIÇÃO E EMOÇÕES
medo, vergonha, raiva, felicidade

Natal
Fabiano André de Souza Mendonça
2020

Depósito legal na Biblioteca Nacional (Lei nº 10.994, de 14 de dezembro de 2004).

M539c   Mendonça, Fabiano, 1974-
           Constituição e emoções: medo, vergonha, raiva, felicidade. / Fabiano Mendonça. – Natal: 2020.
           61 p.

           ISBN 978-65-00-06957-0

           1. Constituição. 2. Emoções. 3. Teoria do Direito. I. Título.

CDD: 341.27
CDU:341.24

a Bianca,
João, André, Artur e Karolina,
que diuturnamente constituem minhas emoções

Sumário

APRESENTAÇÃO

Esta é uma coletânea revisada de ensaios publicados para refletir academicamente sobre o tema da constitucionalização das emoções. Eles foram escritos originariamente no âmbito da Linha de Pesquisa em Direito e Desenvolvimento Humano do Grupo de Pesquisa em Felicidade e Cidadania – FeliCidad (UFRN/CNPq).

As emoções representam uma dimensão da vida humana que inevitavelmente se espraia pelo Direito, tanto como objeto, quanto como causa de normas jurídicas. Ignorá-las é estar alheio ao vendaval de paixões que proverbialmente atravessa a faina dos agentes jurídicos. É fundamental conhecer integralmente o que subjaz ao humano no debate constitucional, sem motivo para receios, tabus ou mitos.

Não raro, elas se revelam como supostos conflitos entre posições teóricas. Contudo, são muito mais tentativas reducionistas de impor a própria paixão pelo que se entende devido do que uma tentativa real de relacionamento com o outro mediado pelas instituições jurídicas em busca de pacificação social.

Ainda que seja possível ao cidadão e, por vezes, até inevitável, ser tomado por fortes emoções ao ler o documento constitucional e, assim, chorar, ficar feliz, emocionar-se, não é desta interação que se trata aqui. O fato de as palavras contidas no texto constitucional poderem, inclusive, significar fortes sentimentos ou lutas históricas não conduz, igualmente a tratar de uma catalogação desses fatos.

Não é também uma rememoração de experiências jurídicas de medo, vergonha, raiva ou felicidade diante de embates constitucionais; por mais que pudesse sê-lo devido à existência de memórias suficientes a tanto. Antes, o que se tem são reflexões que navegam entre a Teoria da Constituição e do Direito, tendo por base um tão desejável quanto inafastável sentido de integralidade humana em todas as suas expressões.

Casualmente, o pano de fundo que resguarda o cenário dos textos é a maior pandemia da sociedade economicamente globalizada. Talvez este possa ser um barco para o constitucionalismo em meio às turbulências.

Leia com Amor.

Fabiano Mendonça
Professor Titular de Direito Constitucional da UFRN
Procurador Federal

Por que nos movemos? Introdução aos riscos de uma sociedade entrincheirada

Eppur si muove!

O corpo social é impulsionado pelas interações entre as pessoas. Interagimos de diversas formas diferentes como quando nos comunicamos amorosamente, ludicamente ou politicamente.

E, na busca da sobrevivência, retiramos elementos da natureza para nos alimentarmos, abrigarmo-nos e protegermo-nos. Podemos fazer isso diretamente ou com a ajuda dos outros. Essa interação transformadora ou de fruição do meio se dá através de bens comercializáveis, serviços e moeda e dizemos nessa hora que interagimos economicamente.

Havendo muitas pessoas e tendo cada uma muitos interesses, tudo funciona interligado; é a pluralidade. Por isso, a política afeta a economia, que afeta o Direito, que interfere nas relações familiares, que mexe na cultura e assim por diante e também ao revés.

Seria impossível agir se observássemos toda essa cadeia, como uma centopeia a examinar cada uma de suas patas para ver se machucou-as a cada passo: ficaríamos paralisados. Mas não é isso que acontece. Nunca. Sempre nos movemos. Mas como, diante de tantos dilemas?

Nós usamos um sistema de "preferências"; ou prioridades. Nós fazemos escolhas, optamos por esta ou aquela conduta. O Direito, por exemplo, é um sistema de opções precedentes para nortear a conduta individual, coletiva e pública.

Então, priorizamos este ou aquele aspecto. E, em razão disso, pode haver diferenças entre o que alguém julga importante em dado momento e o que realmente poderá ser importante para ele. É o que se chama de "opção errada". Mas, dentro do espectro da liberdade individual, não há como interferir nisso. Num plano subjetivo mais profundo, envolve debates sobre pertencimento cultural, consciência e inconsciente. A pessoa age motivada por obediência, por amor, por necessidade financeira ou outra razão, conforme o que considere prioritário.

Pode haver, por exemplo, divergências entre os conceitos do que se considera uma pessoa covarde. E eu e você podemos discordar nesse ponto e dizer que não somos covardes perante o outro. Porém, estou certo que, em algum momento da vida eu e você praticaremos atos que nós mesmos classificamos aí como covardia. Moral da história: sempre há uma ideia a mover nossas condutas, por mais que discordemos dela.

Aprofundando, vemos que, noutro patamar, pode haver divergência entre o que o indivíduo acha correto e o que será melhor para o grupo. O risco de erro aí pode ser exponencialmente elevado porque, se para a solução individual - na qual se deseja que a pessoa seja a melhor conhecedora de si - pode haver equívoco, o que se dirá numa decisão para todo o grupo social.

Nesse momento, surgem os indivíduos que se dedicam a pensar as questões de maneira abrangente: os especialistas. Eles não debatem para si, mas para consumo social: juristas, economistas, políticos, engenheiros, sociólogos, educadores, administradores, físicos e tantos outros quantas sejam as necessidades sociais mais prementes. Mas isso não evita o equívoco.

E o motivo maior é que há uma compreensível inclinação do especialista a apenas ver o mundo só com os seus olhos. E isso é desejável do ponto de vista profissional. Contudo, não pode chegar ao ponto de impedir de ver que a solução pode não ser pela sua prioridade.

É duro a um profissional descobrir que os mecanismos que tanto estudou não sejam aplicáveis a um determinado fenômeno. O mundo seria muito mais simplificado se uma só ciência respondesse tudo. Ou uma só pessoa tivesse todas as respostas. Ou se elas não fossem equivocadas. Claro que, para isso, seria necessário haver um sistema fechado de interações controladas e de ausência de humanidade.

No fundo, ironicamente, a busca científica é uma não aceitação da própria condição humana. E é essa busca que permite a vivência mais profunda da humanidade em si e em relação com o meio.

O mundo passa por uma crise. E pensá-la exige refletir sobre o papel de cada um nela. E, apesar de tudo, de todos os medos, movemo-nos em meio a ela.

A sociedade da imprevisão

Enquanto sociedade, não sabemos o que procuramos; isso é certo. Tanto que há claras demonstrações governamentais e científicas que discordam sobre o que seria melhor para o país. Mas não saber o que se procura não quer dizer que não se sabe de nada ou que não haja respostas: as pessoas que manejam os dados é que não se entendem.

Hoje, vivencia-se um dilema (=dois "lemas") entre premissas difíceis: recolhimento social em virtude de pandemia com salvaguarda da saúde e prejuízos às relações econômicas ou flexibilização desse distanciamento social para permitir circulação econômica mesmo em detrimento da saúde de muitos.

A antropologia e a arqueologia confirmam que a humanidade caminhou por diversas vertentes e nem sempre foi a econômica. Muitas vezes, questões ideológicas e culturais determinaram as mudanças, não necessariamente para angariar riquezas ou ampliar perspectivas de lucro. Até mesmo talvez muitas transformações feitas com esse objetivo não tivessem ocorrido se fosse visto que o resultado não foi como o esperado.

Isso aconteceu em escolhas empresariais, guerras, ações humanitárias, construção de templos, sedentarismo social, dentre outros eventos importantes da história da humanidade. Nem sempre o aspecto de acumulação ou distribuição econômica foi o fator determinante. O que não impede que se possa fazer a análise sob esse prisma. Até porque há a "oportunidade": no conjunto de relações, alguém sempre poderá ver crescer sua capacidade financeira, por exemplo.

É natural que haja medo e insegurança. Por isso, a busca igualmente natural é a da previsibilidade. Há eras, os homens a procuram em aspectos naturais e sobrenaturais; com maior ou menor sucesso num e noutro caso.

O medo é o nome da reflexão humana ante o imprevisível. E, quando o objeto da atenção é previsível, sobre o que de imprevisível possa sobrevir.

Planejar e estocar são formas de agir para lidar com isso. Excedentes, estoques, oferta, demanda, planejamento, logística, gestão, títulos futuros, são apenas meios de lidar com isto: o imprevisível, o medo.

Quando a ameaça vem sob a forma e algo impactante e externo, e até esperada, é combatida pelos mecanismos apontados. Mas quando vem de maneira absolutamente imperceptível, microscópica e sem conferir tempo para que sejam preparados e manuseados os instrumentos conhecidos, gera caos, pânico e recusa em aceitar a realidade. É o caso de uma pandemia.

Planejamento e sua limitada previsibilidade não são as habilidades mais usuais nem respeitadas na ordem jurídica brasileira e, quiçá, mundial. Tudo dependerá da prioridade que se tinha em mente ao planejar. E aí está a limitação: planejamos para evitar aquilo de temos medo, ou seja, aquilo que esperamos. O medo é previsível. O imprevisível não tem nome, a não ser quando surge, como uma doença.

A primeira reação de quem não tem o controle será entender que o outro está errado. O outro é o pecador e eu o julgo. Contudo, esse afastamento amplia os riscos.

Quantas avaliações fizemos? Antes da pandemia, era a crise da previdência, antes desta, era a da Presidência. Quais eram os medos, quais as decisões tomadas e quais conseqüências não foram previstas?

Durante décadas, investimos em transferência de renda para idosos: os aposentados. Isso gerou algo esperado: qualidade de vida para uma parcela da população, impulso do pequeno comércio e circulação de renda em pequenos municípios com baixa empregabilidade. Também proporcionou alternativas a meios assistenciais de acesso a alimentação e educação para crianças dependentes deles. Porém, ao criar um sistema de gerenciamento público do investimento previdenciário, prejudicou a educação financeira do trabalhador. Não há como pretender que uma população já idosa, prestes a se aposentar tenha a posse de fundos para se manter ou replanejar a construção de reservas financeiras quando confiou no gerenciamento público por gerações; bastava o valor descontado mensalmente dos ganhos salariais. A qualidade de vida gerada aos poucos provocou o envelhecimento da população, que agora precisa trabalhar mais ou pagar mais para proporcionar uma qualidade menor que a anterior.

O auge da energia é ao nascer: um corpo inteiro a se construir nos mínimos detalhes. Daí em diante há uma diminuição até a morte. A idade de maior produtividade laboral é aquela na qual a maturidade emocional se encontra em um patamar mínimo e ainda há vigor físico. É muito menos que a existência toda, contudo, é como se justificasse tanto o que se fez antes, como o merecimento posterior. Para o crescimento biológico e psíquico é um reconhecimento e para a aposentadoria, uma conquista. É pouco e não se conecta com o que há de humano. A maioria será excluída no antes e no depois e os incluídos serão cada vez menos a gozar de abundância e segurança. Como se vê, faz parte de uma espiral de involução do desenvolvimento, entendido como busca de mais "humanidade".

Já que não se propõe aqui a achar uma forma de interromper esse mecanismo, adote-se por certo que deve haver uma salvaguarda da perspectiva econômica. Mas que, não pode mais seguir de forma alguma por um caminho que desconsidere a perspectiva do desenvolvimento humano.

A economia da imprevisão não pode ser dominada pelos mesmos preceitos que hoje sustentam grupos econômicos que tentam se reinventar para o consumidor do futuro. O distanciamento social e a drástica redução do volume de consumo, de renda e de produção significam uma necessária mudança de parâmetros. Ela já está a ocorrer e é guiada por fatores humanos; não matemáticos.

A pandemia demonstrou que 76% dos brasileiros decidem tendo a saúde como mais valiosa do que a economia. E é a partir desse fator que haverá a reestruturação.

As decisões de compra possuem etapas racionais (identificação de necessidade, análise de opções, escolha) mas sabemos que há arrependimentos e, muitas vezes, escolhas que foram impulsivas e, digamos, "irracionais" (no sentido de divergência com o que se pretendia inicialmente). Isso mostra que as decisões são tanto por elementos racionais quanto por falhas nesse processo de previsibilidade. As pesquisas demonstram que os jovens fazem mais compras por impulso (86%) e com perspectivas de desestabilização orçamentária. E, em sua maioria, com o uso de meios eletrônicos. Já os consumidores de maior idade tendem a agir de maneira mais refletida e de modo direcionado, com preferência pelos meios tradicionais de busca de bens e serviços, de modo pessoal.

Há uma economia que funciona sem shoppings. Os quais, mais a mais, tornam-se centros de lazer e alimentação e menos de consumo de bens duráveis.

Repentinamente, a transferência de renda aos aposentados dotados de racionalidade no gasto se torna um mecanismo de segurança nesse espaço. Mas, temperada pela capacidade emergente de utilizar os meios eletrônicos.

Mas será que o meio jurídico está realmente preparado para enfrentar essa economia do medo e da imprevisão?

O direito a ter medo: Constituição e medo

Não podemos dizer que não temos emoções. A indeclinabilidade de sua exteriorização é uma constante e o vetor das transformações sociais.

Apresentamos modelos de comportamento de acordo com o modo como elas se organizaram em nossa mente. E, para isso, contamos com influências genéticas, sociais e formativas. Quero deixar claro que não será parâmetro o embate entre ser "racional" ou "emocional". Não é disto que se trata. Ninguém abre mão de ter conforto emocional e não é outra coisa que se busca em contratos, decisões judiciais, concursos públicos, sociedades com ou sem fins lucrativos, acordos, empregos e relações familiares. E todos estão tão satisfeitos com esse objetivo que não creio haver quem afirme buscar o desconforto emocional como objetivo final.

O jurista provavelmente conhece a palavra conforto com outro nome. Um nome não menos dotado de carga psicológica: segurança. A segurança jurídica é o vetor que move a própria concepção de normatividade social.

Antes que se ingressasse no debate acerca da diferença entre valores e princípios jurídicos, as emoções já permeiam todo o Direito. O antigo pecado capital do medo é uma delas. Por isso é preciso entender um pouco essa doença espiritual pelo seu conceito religioso.

Um pecado capital é algo que, mais do que um ato de desamor em si, é capaz de gerar outros atos moralmente negativos. Apenas a partir do seu reconhecimento é que pode ser entendido em toda a sua extensão. Se eu aceito a sua existência despercebida, talvez como algo necessário, ele continua a espalhar suas raízes.

Ele está presente no Direito. E se eu aceito isso de modo que não mereça maior atenção, ele se espalha de modo daninho e ameaça a presença de outras emoções. Aqui, detalhes importam ("já que foste fiel no pouco, eu te confiarei muito"; Mt 25, 23).

É o caso das grandes decisões, orientações e momentos da vida de uma pessoa ou sociedade. As grandes decisões são ações conformadas pela realidade que as envolvem. Elas são necessárias. Esperamos que alguém as adote.

Contudo, elas são o reflexo do que lhes é pedido ou então do que se deve fazer para alterar o que já é ordinário; ou seja, o meio em que estão. O entorno agravado é que exige e que caracteriza as "grandes decisões ou atitudes". Mas o meio resulta de um conjunto incontável de pequenas decisões que não pediram muita reflexão, que se juntaram a outras tantas igualmente pensadas de modo limitado. E essas reflexões não se somam porque são em situações e sistemas isolados.

Malba Tahan (heterônimo de Julio César de Mello e Souza) relata a Lenda de Sessa, sobre a história do xadrez[1]. O sábio pede de recompensa ao sultão grãos de trigo, contanto que, começando por um grão na primeira casa, essa quantidade seja dobrada a cada casa do tabuleiro... Num primeiro momento, aceita-se a oferta tendo-a por

---

[1] TAHAN, Malba. **O homem que calculava**. 80. ed. Rio de Janeiro: Record, 2011. p. 121.

jocosa e simples. Mas logo os cálculos mostram que seriam preciso milênios para juntar a quantidade necessária. Assim são as decisões.

Em um dado momento, é preciso adotar uma mudança de rumo. Mas isso apenas é possível com o reconhecimento do que está por trás dos acontecimentos.

São Paulo fala da relação entre o que reside no pensamento humano e as prescrições normativas externas. Há uma simbiose na qual um depende do outro: "a lei é pecado? De modo algum. Mas eu não conheci o pecado senão pela lei." (Rm 7, 7) Por mais favorável à convivência harmônica que seja a ordem jurídica, ela carrega em si as marcas emocionais que pretende dominar.

Mas só o próprio indivíduo pode dominar a si.

De que há medo?

O artigo 121 do Código Penal diz que temos medo da morte. Mas o Código também diz que temos receio também do roubo, da lesão corporal e tantos outros. Temos **medo do outro** e do que pode fazer conosco ou nosso patrimônio.

Temos **medo da natureza**: "O devedor não responde pelos prejuízos resultantes de caso fortuito ou força maior" (artigo 393 do Código Civil). Também há o contrato de seguro,

Temos **medo do que não vemos ou tocamos**: as quarentenas sanitárias. O Código Civil deixa claro que temos medo das oscilações econômicas: prevê a onerosidade excessiva (art. 478), a desproporção prestacional (317), a possibilidade de revisão contratual (421-A, III)

No divino temos confiança, mas ainda assim, há o receio da presença de símbolos religiosos e do ensino religioso, sob debate judicial. Só que esse é certamente mais um medo das pessoas do que do etéreo.

Como se vê, o medo está espalhado por nossa ordem jurídica. Será preciso aceitar que tem medo para ver isso? Sim, é. Temos o direito a ter medo? Sim, temos; tal qual visto nesse breve apanhado, o qual não tem a intenção de ser exaustivo.

A questão é que essa exacerbação do medo conduz à concepção do direito marcadamente pelo viés sancionador, policialesco, *genderme* e liberal. Quanto menos contato melhor, pois acarreta menos riscos.

No mesmo ímpeto, as teorias que privilegiam o Direito como coação e entendem a sanção como essencial ao debate, serão valorizadas. Elas não são de todo equivocadas. O equívoco está na identificação que o sujeito pensante faz com a essência da proposta. Ele, por se ver representado nela, finda por valorizar uma emoção de modo a anular outras perspectivas.

E quantas divergências judiciais não poderiam aqui ser contempladas nesse capítulo? Privilegiar a continuidade da detenção ou a progressão de regime dos que se encontram aprisionados? Impulsionar taxas para proteger o fornecedor de problemas de mercado? Responsabilizar o Estado por omissão de sua atuação?

Na medida em que se reduz a quantidade de opções possíveis, reduz-se, na verdade, a liberdade. É como a pessoa que se encarcera em casa com câmaras, cercas elétricas e portões, por medo do crime; sabemos que isso não é desejado. Mas é um medo, sim, e que limita as opções. Portanto, é preciso analisar se há de fato outra opção para que aprioristicamente já não sejam reduzidas as possibilidades de decisão jurídica.

O contrário imediato será o direito a ter confiança. Mas essa é a outra face do medo. Como saber e não saber, conhecer a si mesmo, legalidade e igualdade.

A confiança pode ser **institucional**. É o caso dos servidços de segurança pública e do voto, por exemplo. Este representa a confiança nos representantes eleitos e na democracia.

Há a confiança no **outro**: como na assunção de obrigações solidárias e na cooperação processual (CPC 6º).

Confiamos na **sociedade** quando a sociedade civil pode constituir organizações ou quando são chamados a oferecer bens e serviços para o interesse público em licitações.

Confiamos, enfim, na **natureza**. Por isso ela é protegida.

Mas esse é um viés. O problema é quando essa perspectiva demonstra sua tendência a dominar toda a ordem jurídico-constitucional e excluir as demais emoções. As críticas e ênfases que as teorias normativistas fazem, por exemplo, falam mais de seus receios do que de seus opositores.

A perspectiva de medo aí dominante se estabelece num julgamento contínuo e numa estrutura reducionista - mas paradoxalmente abrangente - que prega a prioridade do direito legislado (para não haver dúvidas quanto à fonte) e a vedação do non liquet. A dúvida não é permitida.

O procedimentalismo aí ganha força. A obediência a regras separa o bom do mau, o confiável do desleal. Chega-se ao extremo de se criar uma ação declaratória de constitucionalidade. O processo civil tem um acréscimo de procedimentos diferenciados regulados em lei. O contato é mediado e segundo regras.

A dúvida, o temor, impera. Mas, ao mesmo tempo e por isso mesmo, a regra é: não pode haver dúvida. Vale o texto claro. *In claris cessat interpretatio*.

Suprema ironia: no respeito ao texto escrito, a inquietude do espírito humano leva as dúvidas aos limites do debate sobre a pontuação!

Na interpretação constitucional, não há que se ter medo da dúvida. Ela é a sementeira das soluções e das mudanças de rumo. A tibieza da alma é o que deve ser combatido. Ela é que conduz ao julgamento apressado. E o medo de julgar é a verdadeira constante desse tipo de pensamento. Nada disso tem lugar na busca do desenvolvimento individual e social.

O direito a ter vergonha

Nem só de medo vive o Direito. Uma outra perspectiva teórica que domina a ordem jurídica é a da compaixão. Iniciaremos pela sua perspectiva oposta, de "fechamento" em si: a vergonha.

"Diluir-se" no outro como critério para justificar o estar no mundo é uma forma que muitas pessoas encontram para conduzir suas vontades. Dessa forma de ver o mundo comungam vários teóricos da hermenêutica constitucional.

Mas aqui, não é um aniquilar-se, antes, refere-se à valorização exacerbada da oposição, do outro. E aqui pode-se chamar de "direito à vergonha".

É onde se encontra o "MMA jurídico". Tudo apenas pode ser resolvido no conflito. E, eis aqui sua grande contradição: seu maior desejo é não haver conflito. Como o medo da dúvida tenta criar o direito da não-dúvida (como explicado *supra* sobre o direito a ter medo).

A vergonha é a dificuldade em lidar com o outro por faltar segurança em si. Ainda que venha a destruir o outro, faz isso destruindo a si. É a figura do "homem bomba"; a elevação do conflito ao seu potencial existencial máximo do ponto de vista de um indivíduo. Contudo, usualmente, é a valorização e o cuidado com o outro que se sobressaem.

A violência tende a ser mais uma característica das ações irrefletidas próprias do direito à raiva; o qual será tratado em outra oportunidade. A vergonha valoriza os sentimentos, os valores e, assim, os princípios.

Enquanto que o medo tenta ignorar a dissonância, a vergonha existe no diálogo, no contato com o outro.

Daí floresce a perspectiva hermenêutica de conflitos de regras e colisão de princípios. Em vez de se entender, como é claro - e é a tradição -, que cada direito tem características e faculdades próprias, há a busca por seus "pais".

A Teoria dos Princípios é assim. Faz-se uma teoria "genealógica" do direito. É como buscar culpar os pais do criminoso pelo ato que este praticou.

Por exemplo, tentar tratar de uma hipotética contradição entre direito à tranquilidade e liberdade de manifestação religiosa é tentar silenciar uma dissonância em detrimento de aprofundar e criar regras claras para o direito à cultura religiosa. Falam-se de outros direitos, abrem-se debates políticos (a pretexto de judicialização), e é esquecido o direito obstaculizado em si. A cada decisão, uma nova regra se torna possível.

É uma perspectiva do "abraço", do acolhimento do ponto de vista alheio.

Mas há o direito à vergonha. Ela é quando se estabelece o confronto com uma realidade diferente do que se esperava. E seu lado positivo, é o que se denomina aqui de direito à compaixão.

Institucionalmente, é a *mea* culpa que o Estado faz ao reconhecer como inconstitucional (pela devida instância judicial) uma norma que editara.

Socialmente, é quando um apenado tem sua pena cumprida com dignidade e, ao seu término, recobra inteiramente seus direitos de liberdade.

Na relação com o outro, é quando se restabelece um equilíbrio contratual.

Há aqui uma justa, merecida e forte preocupação com a Justiça. Mas, novamente, o problema está no excesso.

Certamente, há muitas situações nas quais será preciso examinar o caso concreto para que se verifique que conduta é a melhor solução. Mas não se pode viver no império da incerteza.

O fato de haver pensadores que vêem o mundo por essa perspectiva em sua vida pessoal faz-nos pensar que não são apenas as teorias que elaboraram que são as "acertadas". Novamente, esse é um reducionismo.

A sociedade é um conjunto. Tem seus problemas, mas nem por isso é uma ficção. *Ubis societas, ibi Jus*. O Direito é uma linguagem e um reflexo da sociedade. Ao se optar moralmente por uma de suas perspectivas como única para o Direito, um pedaço da sociedade é excluído.

É preciso haver coragem para agir quando necessário. E compaixão para abraçar quando se cai. Contudo, não são as únicas emoções que dão base ao universo constitucional.

O direito a ter raiva: o direito das respostas intensas

A ordem jurídica incorpora sentimentos na medida em que as normas positivadas trazem para a mente dos cidadãos e para o debate público o complexo de argumentos que as geraram. A ordem positivada é um suporte para a transmissão de mensagens. E a comunicação apenas existe quando originada de um pólo com destino a outro pólo receptor. E, indiscutivelmente, esses pólos interagentes são, cada um, um conjunto de históricos de socialização, traumas, emoções e desejos diversos que a pessoa transporta pelo mundo.

Uma coisa é não poder emprestar um valor jurídico imediato a essas expressões de humanidade. Isso equivaleria a, de acordo com a reação intelectual ou afetiva de um agente jurídico perante uma norma que lhe chega ao conhecimento, entender que sua resposta ao meio teria efeito cogente sobre a conduta de outrem. Outra coisa bem diferente seria negar a existência dessas emoções ou não dar-lhe importância.

É por isso que já tratamos de dois grupos de emoções: o medo (e a confiança) e a vergonha (e a compaixão). A esperança será melhor abordada ao final, por tratar da harmonização de todos.

Neste momento, a atenção recai sobre um outro complexo de emoções: a raiva. O Direito tende a reagir agressivamente perante determinados comportamentos que podem "tirar-lhe o chão". A subversão da regra de conduta idealizada não é tolerada pelas normas da raiva.

O reverso da moeda está no direito à pacificação. Eis o paradoxo: o objetivo da norma de raiva é produzir a paz que julga alcançar com a mansidão. É por desejo de paz que ela busca a raiva como razão de ser.

Se o encarceramento tem uma faceta que advém do direito ao medo (que é o fato de ser um mecanismo de proteção), por outro lado, tem culturalmente a justificativa da raiva (repreensão e vingança contra o infrator da ordem). É o primeiro exemplo.

As medidas de força, sobretudo as de resposta imediata, entalham a raiva na ordem jurídica.

Uma medida provisória é uma resposta imediata a algo relevantemente urgente. Uma prisão em flagrante, idem.

Temos o direito à raiva de agressões patrimoniais. O Código Civil prevê o desforço necessário para reprimir turbação ou esbulho da posse (artigo 1.210, § 1º), para cortar raízes e ramos de árvores limítrofes e apropriar-se de frutos que não deveriam ter caído em propriedade alheia (artigos 1.283 e 1.284). E o Código Penal traz as excludentes penais no artigo 23. Essas são situações em que a ordem jurídica autoriza a raiva nas interações sociais, ainda que esses dispositivos também possam transportar eventualmente outras emoções.

A Constituição resguarda a raiva institucional ao possuir um título dedicado à "defesa do Estado e das instituições democráticas". Essa é sua resposta mais forte e ali estão contemplados o Estado de Defesa e o Estado de Sítio (artigo 136 e seguintes). As forças armadas também, de modo hierárquica e disciplinadamente organizado, são erigidas em defensoras da pátria, da democracia, da lei e da ordem (artigo 142, *caput*).

Ela traz também uma agressividade na relação Poder Público-particulares ao permitir a ingerência ativa do Estado no patrimônio destes: empréstimo compulsório (artigo 148); imposto sobre grandes fortunas (artigo 153, VII); o direito de uso de propriedade particular (artigo 5º, XXV).

Todavia, a Constituição de 1988 não trouxe o direito de resistência ou a desobediência civil. Mas trouxe a proteção ao direito a buscar o Judiciário (artigo 5º, XXXV), o direito do contribuinte a fiscalizar as contas municipais (artigo 31, § 3º) e o direito a "denunciar irregularidades ou ilegalidades perante o Tribunal de Contas da União" (artigo 74, § 2º).

A declaração de guerra se constitui em um tema próprio a esta emoção (artigos 49, II, e 84, XIX). E, neste momento, vê-se a sua articulação oposta (*"si vis pacem, para bellum"*): a preambular "solução pacífica das controvérsias" na ordem interna e internacional (também albergada no artigo 4º, VII).

Se é compreensível a situação excepcional de uso da força para evitar uma desagregação social maior, não é menos perceptível que a sua exacerbação conduz a regimes de força, quiçá totalitários. Não se pode acochambrar na democracia uma pena como a de Tiradentes: decapitação, esquartejamento, exemplarização da punição, confisco, infâmia familiar e terreno salgado. Por isso, o confisco é proibido (artigo 150, IV), dando ensejos a imaginar por quais fronteiras anda a tributação.

A raiva pode mover o Estado a ações necessárias com o fito de evitar a estagnação em situações graves, mas não pode chegar ao extremo de fraudar a própria ordem democrática ou gerar atuações inconsequentes. Se a pacificação está ínsita a ela, esse sentido tem que ser aferido na conduta estatal.

Dessa maneira, com o que foi exposta até agora, está posto um quadro amplo que reclama harmonização. O complexo de emoções habita no ser humano, mas este tem o direito a ser quem é no mundo. Portanto, quando se confronta com o registro normativo de emoções que não experimenta ou domina, estabelece-se aí uma tensão que deve ter um caminho de uniformização para uma adequada atividade hermenêutica.

Não pode ser promovido o combate às outras emoções, mas a integração destas em um conjunto que se harmomize. E esse então será o modelo da sociedade que se submete a uma ordem jurídica: excludente ou inclusiva. É o tema que deve ser enfrentado agora.

O direito à felicidade

Prelúdio à felicidade

Cada rosto é uma aventura diferente. Deve ser isso que os faz tão iguais. Não seria então uma contradição serem iguais? Bem, são iguais em sua humanidade.

Porém, também são indistintos se considerarmos tristemente que, apesar de tantas pessoas no mundo e de sempre nascerem mais, menos humanidade temos. Esse é um problema que tem por início e fim o mesmo aspecto dramático: a indiferença com o outro.

Indiferença não é igualdade. Aquela é eu não me reconhecer no outro, é não ver que compartilho a segunda com ele. E, por ser assim, temos a mesma "morte severina" (João Cabral de Melo Neto). Mas, ao olhar todos, vemos que não somos iguais em tudo na vida.

Se isso era para ser bom de alguma forma, a maior parte da humanidade sabe que, em algum momento, aparentemente trocaram o que era para ser igual pelo desigual e vice-versa.

Tantos rostos, tantas histórias. Quando nações se cruzam num local, numa cidade, numa rua, histórias entram em contato. Quem, por algum motivo, deixou o seu lar, o local onde tudo estava preparado desde antes de seu advento para que exercesse seus costumes, seu alfabeto e suas vestimentas, carrega em si um desconforto, uma inquietude e uma aventura. Leva em si a fermentação da busca humana mais profunda: conhecer-se.

Até sete anos de idade, segundo minha experiência, não há povos, nações, línguas ou fronteiras. Todos choram e falam das mesmas necessidades, dos mesmos sonhos e, inclusive, até quase dois anos, têm o mesmo idioma. Todos podem ser astronautas, motoristas, jogadores de futebol, agricultores. Podem tentar voar, ver as menores estrelas e sabem olhar no fundo dos olhos do outro.

E, aos poucos, o convite a sair de si faz com que sejamos instruídos e absorvamos, a partir da linguagem, todo um patrimônio cultural construído há séculos. Repentinamente, somos herdeiros de culturas e tradições que, na verdade, ninguém sabe precisar seu "*big bang*".

Por isso, não me sinto admirado ou deslumbrado pelo progresso, pelas artes, pelas realizações ou conquistas, sejam militares, científicas, estruturais ou arquitetônicas, deste ou daquele povo, país ou nação, de alguma maneira específica. Eu me sinto deslumbrado pela humanidade, pela incrível capacidade do ser humano onde quer que se encontre e onde quer que se encontrem os homens.

Mas esse contato, tão importante para se construir algo, nunca foi fácil. Por alguns motivos, muitos se sentem mais merecedores do que outros na distribuição de dádivas no mundo; ainda que elas não sejam finitas. Duas pessoas podem ser as únicas moradoras de um distante vale; lá, cada um tem a sua casa. E, no seu próprio quintal, cada um cultiva sua pequena horta; ambas com as mesmas dimensões. Um dia, eles conversam. Um olha para os altos montes que apontam para os céus a partir de sua janela e diz: - Vê?! É tudo meu! Tudo me pertence! E o outro, estranhando a observação inusitada, e como criança, tomado pela necessidade de se inserir no debate, na linguagem para se relacionar, aponta para sua horta e os dois metros que a separam do rio que por ali corre e diz: - Vê?! Daqui para ali é tudo meu!

Qual a diferença? Nenhuma. Nessa situação abstrata, na qual ambos obtêm seu sustento e não há como avançar sobre as posses de modo a inviabilizar a liberdade do outro, não há nada do que se vangloriar. Quando muito, fatigar-se. Coletores e nômades não se distanciam aí. E, por mais que um deles acumule, não poderá comer mais. Eles pensam diferente, têm liberdade para serem diferentes, construírem coisas diferentes, mas são iguais por isso mesmo.

Parafraseando Rousseau[2], a insegurança nasceu no momento em que alguém foi tolo o suficiente para cercar uma dádiva e dizer que era sua: os mais justos, os mais honestos, os mais hábeis, os mais inteligentes, os mais precavidos, os mais eficientes, os mais humildes, os mais mansos, os mais contemplativos. Ao serem "mais", buscaram haurir forças onde estas não existiam. Procuraram uma legitimação que ninguém deu. São mais, querem ser mais, não são iguais, não querem ser iguais. E não vêem que, em verdade, são iguais, não "mais".

É essa pretensão de possuir os olhares, os abraços, os bens, as decisões, que revela a disseminação de um medo que muitos acham natural. Reunir-se em grupos para se proteger, seja em guildas, votantes, organizações, partidos, oligopólios, sindicatos, torna-se uma manifestação gregária que, dessa forma e com esse intuito, ultrapassa o indispensável para o contato humano.

---

[2] "ROUSSEAU, Jean-Jacques. **Discurso sobre a origem e os fundamentos da desigualdade entre os homens.** Trad. por Lourdes Machado. São Paulo: Nova Cultural, 1997. (Col. Os Pensadores, v. 2) p. 87: ("O verdadeiro fundador da sociedade civil foi o primeiro que, tendo cercado um terreno, lembrou-se de dizer *isto é meu* e encontrou pessoas suficientemente simples para acredita-lo."

O relacionamento deixa de ser a busca pelo desconhecido para ser a construção de um muro. E esse "muro" muitas vezes se tornou real: em fronteiras, muralhas, cidades, prisões, hospícios, orfanatos e aeroportos. É o medo, que passa, com outros nomes, a ser tido como necessário.

E qualquer sistema de pensamento que lance âncoras nessa perspectiva está fadado a ser um reprodutor da insegurança, do conflito e do dissenso. A diferença não está no que se faz, no que não se pode ou no que se deve fazer, mas no modo como se entende as pessoas e se olha para elas.

A humanidade ainda não tem quem cuide dela. Continuamos a gerar orfandades. Não é sempre assim e nem essa é a forma indefectível de ser. Muito já foi feito, muito é feito: sempre que a dignidade humana é colocada em primeiro lugar; quando não há cor, língua, classe social ou outros muros a separar.

Quem já experimentou, sabe.

Isso não parte da lei, do juiz ou do governante. É uma questão do direito mais próprio e inerente à existência: o direito de ter acesso a uma cultura. A ser introduzido na rica experiência humana e nela ter condições de desenvolver segundo seu entendimento todo seu potencial corporal, intelectual, sexual, devocional e artístico. A medida disso pode ser chamada de felicidade.

Não se receita, decreta ou decide felicidade para ser adquirida na farmácia, obtida numa repartição ou entregue por um oficial de justiça. Ela é vivida a partir de uma experiência pessoal e, indispensavelmente, comunitária. Noutras palavras, mais comuns ao discurso técnico e de manuais, é preciso mudar a visão de mundo dos profissionais.

Quanto sofrimento, quanta busca.

Chamamos de crueldade os genocídios, o holocausto, os atos terroristas; sabemos o que são. Desumanizam, são dolorosos, matam crianças, matam pais, amigos, famílias inteiras, destroem histórias de amor, colapsam as condições de sustento material das pessoas, geram sofrimento. Chamamos de homicídio atos que tiram a vida em vinganças, perseguições, espionagem, guerras; autorizamos mortes em combate. E tudo isso também causa aquele sofrimento da crueldade. Mata-se para roubar; mata-se para se recuperar o roubado.

Sim, tanto as experiências de felicidade, como as de sofrimento, não foram suficientes para sabermos verdadeiramente o que são. Se soubéssemos, não teríamos sofrimento, mas, no máximo, frustrações – o que seria aceitável no convívio e, sob certo ângulo, necessário ao desenvolvimento pessoal. Portanto, o conjunto universal dos indivíduos ainda não sabe disso. Não basta à riqueza nem à Paz viver em grupos menores. É uma experiência individual e coletiva. É algo individual a ser transmitido e coletivizado; e também é algo do grupo a ser passado a cada integrante.

Quando buscamos respostas para os grandes enigmas do universo, como se faz com a física e a matemática, por exemplo, mais dúvidas são levantadas: matéria negra, forças gravitacionais, tempo, limite e expansão do universo, centro do universo, radiação cósmica. Dúvidas importantes, profundas e perturbadoras.

E aprendemos a olhar para o que está entre os espaços, vemos a gravidade como a força que une tudo, pensamos sobre o vazio. E assim, começamos a procurar essas grandes respostas no que está perto, no pequeno.

Nesse momento, podemos notar que conhecer o diminuto, a origem da vida, como se faz, por exemplo, na botânica, na biologia e na química, também é outra constante humana; tanto quanto o é olhar para a grandiosidade. E, no mundo microscópico, na influência das estações, na conformação genética da criação, o grande e o pequeno se encontram. É "a busca", a constante viagem humana: a busca de um caminho completo com começo, retorno, fim, impulso, deslocamento e parada.

Contudo, quem viaja experimenta o mundo. Não é o outro que é conhecido, mas o viajante mesmo é que se põe à prova diante do inesperado, do improvável e do desconhecido. Quem se propõe a gerir, esculpir e ajudar relações, precisa aprender com elas. Do que sente falta, o que procura fazer, como recebe as reações, como reage? Esse é um patrimônio que não estava na sua herança cultural recebida. Mas que pode ser transmitido.

Agora, propomos a busca da Felicidade. Como reagimos a essa ideia, o que esperamos dela, o quanto reconheço ou sinto isso, são aspectos que irão determinar profundamente o uso do termo. O cientista precisa estar "aberto", mas muitas vezes tenta estar mais "preparado" para as descobertas. E isso dificulta ver algo novo ou que não controla.

Somos todos da mesma raça, da mesma espécie, e carregamos conosco as mesmas inquietudes. Elas não podem ter fim, mas sim serem aplacadas. Podemos ver os montes, mas a angústia cessa com o trabalho na horta e o olhar na direção do ruído do rio.

Levemos a nós e a felicidade a um caminho.

Existe um direito à felicidade?

> *"O mundo é grande e cabe nesta janela sobre o mar."*
> (Carlos Drummond de Andrade, *O mundo é grande*,
> em "Amar se aprende amando")

É justo ser feliz?

Carlos Drummond de Andrade dirá mais à frente, nos versos que servem de epígrafe a este texto, que "o amor é grande, mas cabe no .... espaço de beijar". A Felicidade é ampla, mas pode caber no Direito.

No momento em que escrevo este texto, a pesquisa pela expressão "direito à saúde" no popular mecanismo de buscas *Google* retorna 10.300.000 resultados em 0,39s. Num tempo infinitesimalmente menor (0,37s), a busca por "direito à felicidade" retorna apenas 92.600 resultados na rede mundial de computadores. Ou seja, 0,9% das ocorrências daquele. Arredondando, podemos dizer que, considerando esses parâmetros da procura pelos termos, para cada 1.000 pessoas que falam em direito à saúde, 9 falam em direito à felicidade.

Já *"right to health"* encontra 47.500.000 menções e *"right to happiness"*, 1.420.000. Isso apenas para mostrar um panorama para além do debate em língua portuguesa e com uma das expressões possíveis. A razão melhora: 2,99% (aproximadamente 30 pessoas falando da felicidade para cada 1000 a mencionar a saúde de algum modo vinculado ao Direito).

Por mais que seja cediço atualmente que existe, sim, direito à saúde, creio que, ao se parar e pensar, ninguém em sã consciência busca isso hoje na Justiça. O que se deseja é a saúde em si. Mas será que não se busca a felicidade também? Em 1988 também não havia demandas por atendimento de saúde pública.

Falando sobre Felicidade, o que se propõe? Quais são as objeções possíveis?

O enigma da Esfinge

*"Que animal anda com quatro pernas pela manhã,
duas ao meio-dia e três à tarde?"*

O ser humano tem duas grandes fases (nasce duas vezes, segundo Boris Cyrulnik[3]). Uma, é seu advento biológico ao mundo - nesta, esta incluído o nascimento, o desenvolvimento e a morte, com seus consectários de relação psicológica com o mundo - e noutra, uma dimensão diversa, na qual ele sai da inércia à altura do raciocínio. Édipo diz: "e fui eu, Édipo, que chegava sem nada saber, quem venceu a Esfinge pela agudeza do espírito e sem auxílio das aves dos augúrios." (Sófocles, Édipo Rei) Eis a celebração de uma capacidade além da biológica e interna ao homem.

---

[3] CYRULNIK, Boris, MORIN, Edgar. **Dialogue sur la nature humaine**. Tour-d'Aigues: l'aube, , 2000. (poche essai) p. 23: "l'homme nanaît d'abord, puis il naît à la condition humaine". SOUTO, Cláudio, SOUTO, Solange. **Sociologia do Direito.** Rio de Janeiro: Livros Técnicos e Científicos: São Paulo: EDUSP, 1981. p. 1: "É somente em contato com outros seres humanos que o indivíduo se torna pessoa humana, capaz de levar dentro de si, simultaneamente, o individual e o coletivo."

Neste mundo, ele lida com uma realidade virtual que não pode se despregar da primeira. Um mundo de jogos onde assinaturas e manifestações de vontade podem retornar em fortunas e ruínas, quitação ou ampliação de dívidas, privilégios ou deveres. Um mundo institucionalizado[4] no qual papéis, moedas, gestos, toques em telas, tornam-se decisões e estratégias reais para a propriedade de bens ou direito a atos, o que significa o afastamento das intenções de outras pessoas sobre os mesmos objetos ou condutas.

Nada pode ser mais virtual do que o Direito. A raiva que leva alguém a cometer um crime contra outrem, por mais impalpável em sua essência, pode ser o estopim para uma pena. Elétrons advindos da movimentação ou degradação de forças da natureza podem ser comercializados com valores bem definidos em faturas mensais.

Tudo depende apenas de poder ser relacionado a algo sensível ao toque ou às emoções e, sobretudo, se puder ser tido como alvo de apreciação relacional; como coisa economicamente validável. Se puder servir como meio legitimador de interação entre as pessoas. A partir desse momento, deixa a esfera individual para ser uma exteriorização, para ser social.

Por que há dificuldade em se entender a felicidade nesse contexto? É certo que a visão das normas positivadas pelo Estado como algo tendente à melhor qualidade de vida (e não faltam dispositivos

---

[4] Cf. RAWLS, John. **Uma teoria da Justiça.** Trad. por A. Pisetta e L. Esteves. São Paulo: Martins Fontes, 1997. (Ensino Superior) p. 58: "uma instituição existe em um certo tempo e lugar quando as ações especificadas por ela são regularmente levadas a cabo de acordo com um entendimento público de que o sistema de regras que definem a instituição deve ser obedecido". V. também SEARLE, John R. **The construction of social reality.** New York: Free Press, 1995. p. 27-28.

constitucionais tendentes a isso) mostra esse objetivo. Então, seria um debate desnecessário?

As normas já visam a proteger a vida humana e nem por isso se trata de dizer que não há o direito à vida. Qual o receio em se tratar de felicidade?

Afinal, prestações não são a objetos, são a condutas. E mesmo coisas incertas ou aleatórias podem ser alvo de negociação.

Em parte, é como o direito à saúde: em rigor, o ser humano deseja a saúde, não o direito respectivo; pois este pressupõe não ter aquela. Tendo uma, o outro não é necessário.

Mas o que dizer, em um mundo que valoriza pessoas felizes, do *marketing* à espiritualidade, sobre ser feliz? Parece que o anseio para logo se antepor ao debate do tema a impossibilidade de se prover a felicidade subjetiva faz esquecer as peculiaridades jurídicas. Parafraseando ironicamente Descartes parece que a felicidade é a coisa do mundo melhor partilhada, pois cada qual pensa estar tão bem provido dela, que mesmo os que são mais difíceis de contentar em qualquer outra coisa não costumam desejar tê-la mais do que a tem. Todos seríamos felizes por igual.

Mas essa parece não ser a realidade. Oitenta por cento da população mundial passa por alguma situação que prejudica sua saúde mental, o que impacta a economia mundial anualmente em um trilhão de dólares[5]. Por isso, a Organização Mundial da Saúde lançou uma iniciativa em cuidados da saúde mental para oferecer acesso a cem milhões de pessoas até 2023. Após o início da pandemia do coronavírus, quase setenta por cento dos psiquiatras brasileiros relataram ter atendido novos pacientes e praticamente a metade dos

---

[5] https://www.who.int/mental_health/evidence/special_initiative_2019_2023/en/

profissionais percebeu o aumento da procura por seus serviços (https://www.abp.org.br/post/atendimentos-psiquiatricos-no-brasil-sofrem-impacto-da-pandemia-de-covid-19).

A saúde mental é apenas uma faceta da ideia mais ampla de felicidade. Ela recebe a dimensão jurídica por intermédio do direito à saúde - mesmo que de maneira ainda insuficientemente tratada - por força do que enuncia a Constituição da Organização Mundial da Saúde: "A saúde é um estado de completo bem-estar físico, mental e social, e não consiste apenas na ausência de doença ou de enfermidade."

E já pela observação dessa dimensão da felicidade, vê-se que não deve haver motivos para temer a abordagem do tema. Não parece, portanto, ser ilícito dizer que é feliz ou que se deseja ser feliz. Aliás, na medida em que o livre desenvolvimento da personalidade permite, isso vai além da liberdade de expressão. Ou seria uma expressão artística. Porém, tal como as expressões culturais, a expressão pelo desejo de felicidade encerra em si o gérmen da materialização.

O direito não "toca" em coisas; as pessoas o fazem. O direito toca pessoas; contudo, faz isso na medida em que elas concordam em pôr algo como objeto de diálogo.

Há outras dimensões a serem consideradas no direito à felicidade, as quais promanam dessa consideração mais básica de que é justo querer ser feliz.

É possível falar em um direito à felicidade?

Há uma acepção primeira sobre o significado de ter um direito. Por ela, ter um direito significa poder adotar um comportamento aceito institucionalmente pela comunidade de modo a tolerar que o titular o faça. Pode ser uma ação ou uma inação: expressar-se, utilizar um bem, escolher etc. A comunidade, por suas instituições, assume que oferecerá os meios jurídicos para a conduta protegida e que adotará meios de defender esse exercício de interrupções indevidas.

Para além disso, há seu sentido científico, do qual aquele decorre: está de acordo com a Ciência do Direito o comportamento que proporciona progresso social e que atende à conservação individual e da espécie mediante a consideração de conhecimento generalizável e sentimento acerca do que deve ser, de modo a gerar aproximação no espaço-tempo social (Cláudio Souto).

Assim, as instituições podem ou não proteger algo (ter o "direito" a algo) de acordo ou não com o Direito.

E dentre as conclusões da Ciência do Direito está a de que devem ser promovidos os meios para que a conduta considerada apropriada seja aplicada em sociedade para que esta se beneficie de seus avanços científicos. Daí o recurso atual ao processo (não apenas o judicial, mas também ao legislativo e ao administrativo) em seu escopo social pedagógico (Cândido R. Dinamarco) para transformar as relações sociais.

Nesse contexto, é preciso identificar se a felicidade está de acordo com o Direito e se há proteção institucional à mesma. Se a resposta à primeira pergunta for verdadeira, então deve ser visto o meio para ser protegida institucionalmente,

Em primeiro lugar, o direito trata de relações entre as pessoas (Savigny), as quais são estabelecidas em razão de um dado-do-mundo. Esta realidade, por sua vez, é alcançada por condutas humanas, as quais são o objeto da relação jurídica. Exemplo: não se compra uma casa, paga-se para que alguém efetue a transferência legal do direito a exigir não ser importunado em determinado espaço físico, dentre outras faculdades. A casas, em si, não reage fisicamente à mera manifestação de vontade humana, assim como um carro não freia porque o dono viu o sinal vermelho; ele precisa obedecer ao comando jurídico aí ínsito que determina que se movimente de modo a diminuir a velocidade.

Então, é indispensável haver, em toda análise jurídica, uma conduta específica a ser tratada. Sem isso, não há o que proteger.

E o que se observa é que a árvore dos direitos fundamentais promana de dois valores básicos: vida e dignidade. A vida digna é o pressuposto de toda análise deôntica vinculada a objetivos de existência comunitária: obter proteção diante do clima, acesso a alimentos, práticas religiosas, segurança contra os riscos da natureza animal, comunicação, desenvolvimento pessoal e melhoria da saúde.

Não é possível discurso ou violação contrário a esses valores; são truísmos. A ordem jurídica tem a premissa de que há a necessidade de adequar condutas (dever ser) a determinados objetivos de convivência. Seria como debater como respirar sem ar.

Deles promanam suas feições jurídicas mais basilares e fundamentais: saúde e felicidade.

A felicidade é a feição jurídica da dignidade humana, é a sua primeira conformação normativa. É a inteireza do ser feita direito. É o direito a vir a ser.

Desse modo, atende à conservação da espécie, pois é sua própria continuidade, e do indivíduo (pois continua a ser mais profundamente). É verossímel que está de acordo com o sentimento acerca do que deve ser (não se pode crer no oposto, a generalização da ideia de que é dever ser infeliz, antes, isso gera cuidados para com a saúde mental). E tem lastro de que é palpável um estado psicológico de maior sentido de realização pessoal, de modo a dar sustento científico a isso.

Portanto, há um direito à felicidade: a não receber obstáculos em decisões referentes ao próprio desenvolvimento de sua personalidade.

Felicidade e Desenvolvimento

> *"Se a procura do desenvolvimento pede um número cada vez maior de técnicos, exige cada vez mais sábios, capazes de reflexão profunda, em busca de humanismo novo, que permita ao homem moderno o encontro de si mesmo, assumindo os valores superiores do amor, da amizade, da oração e da contemplação. Assim poderá realizar-se em plenitude **o verdadeiro desenvolvimento, que é, para todos e para cada um, a passagem de condições menos humanas a condições mais humanas.**" [grifos inexistentes no original]*
>
> (S. Paulo VI, *Populorum Progressio*, n. 20)

O direito fundamental ao desenvolvimento é o direito ao amplo acesso não discriminatório às políticas públicas. A relação com a felicidade é imediata: aquele deriva desta.

Não basta estabelecer diretrizes ou vedar normas que contrariem o desenvolvimento pessoal ou coletivo, é preciso que as políticas públicas sejam encetadas de modo a proporcionar uma visão ampla do ser humano.

Deve ele poder desenvolver sem empecilhos sua: vida, saúde e integridade física, sentidos, imaginação e pensamento, emoções, razão prática, respeito a si, ao próximo e a outras espécies, lazer, participação políticas e condições materiais de vida (conforme as *central capabilities*, de Martha C. Nussbaum[6]).

E, pelo encadeamento normativo, pode-se dizer que a felicidade influencia-o, de modo que é a sua medida. Será tanto mais eficiente o desenvolvimento quanto mais conseguir elevar as condições de vida do cidadão. Nesse sentido, índices como o de Felicidade Interna Bruta (Butão) ou o *Better Life Index* (OCDE), são de grande valia, por equilibrarem o impacto das diversas políticas na construção de condições ideais de vida.

Felicidade e Cultura

A Felicidade não se confunde então com o Direito à Cultura. Este separa-se do mesmo junto com o desenvolvimento.

A cultura é o direito mais basilar de sustentação da ordem jurídica.

Entendido como uma gramática viva que rege uma linguagem usada para relações entre pessoas, o Direito é uma teia que já está pronta antes do início e após o término da existência jurídica do titular de direitos. E, em todos os seus termos, representa uma cultura jurídica.

E todos têm o direito a participar dessa cultura. O que vale dizer, a ter direitos e obrigações consoante a mesma, a não manipular a seu favor nem ser manipulado com o uso dela; a ser incluído.

---

[6] Cf. NUSSBAUM, Martha C. **Creating capabilities:** the human development approach. Cambridge: Harvard University Press, 2013. p. 33-34.

Isso fica claro quando a Constituição afirma que "o Estado garantirá a todos o pleno exercício dos direitos culturais e acesso às fontes da cultura nacional, e apoiará e incentivará a valorização e a difusão das manifestações culturais" (artigo 215). Isso vai além dos bens de valor cultural. E estabelece que constitui patrimônio cultural imaterial os bens referentes à identidade, à ação, à memória dos diferentes grupos formadores da sociedade brasileira, incluindo as formas de expressão e os modos de criar, fazer e viver (artigo 216).

O modo como se vive é um exercício cultural. A cultura não existe para ser engavetada. A cultura só existe expressada. O Direito só existe se vivido.

O pleno exercício dos direitos à cultura jurídica de um povo é um direito fundamental. E ela se manifesta no modo como a sociedade historicamente compreendeu e registrou normativamente seu entendimento sobre deveres, compromissos, sucessões, família, propriedade e assim por diante.

Felicidade e livre desenvolvimento da personalidade

Dessa maneira, o livre desenvolvimento da personalidade pode ser entendido como um predicado lógico, como uma consequência do direito à felicidade: permite-se o livre desenvolvimento da personalidade.

Contudo, em decorrência do valor vida, este também impregna o direito à saúde, do qual decorrerá toda uma série de direitos fundamentais tendentes à conservação da integridade (trabalho remunerado, moradia, propriedade, liberdade de locomoção, dentre outros).

Por isso, é mais crível vê-lo como um exercício de liberdade de desenvolvimento, do que como uma hipótese normativa.

Judiciário, Constituições, Documentos e Governos

Que os sentimentos são passíveis de serem levados ao Plenário da Alta Corte e que reclamam para não serem reprimidos é provado pela emblemática intervenção, no curso do julgamento da ADI 5394, de que havia um *"mau sentimento"*, *"mistura do mal com atraso"* e *"psicopatia"*. Isso mostra um espaço para debate do tema da Felicidade e quais os limites desse direito de vir a ser o que se é.

A constitucionalização da felicidade pode ser vista em julgamentos do Supremo Tribunal Federal com o uso de outras palavras que denotam essa emoção:

> "Os arts. 231 e 232 da Constituição Federal [proteção à população indígena] são de finalidade nitidamente fraternal ou solidária, própria de uma quadra constitucional que se volta para a efetivação de um novo tipo de igualdade: a igualdade civil-moral de minorias, tendo em vista o proto-valor da integração comunitária. [...] Relações interétnicas de mútuo proveito, a caracterizar ganhos culturais incessantemente cumulativos. Concretização constitucional do valor da inclusão comunitária pela via da identidade étnica."[7]

> "Constitucionalismo fraternal. Direito à busca da felicidade. Salto normativo da proibição do preconceito para a

---

[7] Pet 3388, Relator(a): CARLOS BRITTO, Tribunal Pleno, julgado em 19/03/2009, DJe-181 DIVULG 24-09-2009 PUBLIC 25-09-2009 REPUBLICAÇÃO: DJe-120 DIVULG 30-06-2010 PUBLIC 01-07-2010 EMENT VOL-02408-02 PP-00229 RTJ VOL-00212-01 PP-00049.

proclamação do direito à liberdade sexual. O concreto uso da sexualidade faz parte da autonomia da vontade das pessoas naturais. Empírico uso da sexualidade nos planos da intimidade e da privacidade constitucionalmente tuteladas."[8]

O preâmbulo da Declaração francesa dos direitos do homem e do cidadão (1789) já concluía com o objetivo maior de construir a felicidade geral (*bonheur de tous*). E, antes disso, a Declaração de Independência Norte-Americana (1776) consagra os direitos naturais inalienáveis da vida, liberdade e busca da felicidade.

No leste asiático, o artigo 13 da Constituição japonesa é bem claro: "todas as pessoas deverão ser respeitadas como indivíduos. O direito à vida, liberdade, a busca pela felicidade, contanto que não interfira ao bem-estar público comum, serão de suprema consideração na legislação e em outras instâncias governamentais." Igualmente importante por sua dicção é o artigo 10 da Constituição da Coréia do Sul: "todos os cidadãos devem ter garantidos a dignidade e o valor da pessoa humana e têm o direito de buscar a felicidade. É dever do Estado confirmar e garantir os direitos humanos fundamentais e invioláveis dos indivíduos"[9]. Esse compromisso estatal fica claro em diversos pontos da Constituição do Butão, mas particularmente em seu artigo 20: "o governo protegerá e fortalecerá a soberania do Reino,

---

[8] ADI 4277, Relator(a): AYRES BRITTO, Tribunal Pleno, julgado em 05/05/2011, DJe-198 DIVULG 13-10-2011 PUBLIC 14-10-2011 EMENT VOL-02607-03 PP-00341 RTJ VOL-00219-01 PP-00212

[9] *"All citizens shall be assured of human dignity and worth and have the right to pursue happiness. It shall be the duty of the State to confirm and guarantee the fundamental and inviolable human rights of individuals"*

promoverá a boa governança e garantirá a paz, a segurança, o bem-estar e a felicidade do povo"[10].

Na América Latina, sobressai a Constituição Equatoriana, a qual prevê uma sociedade que integra a pluralidade cultural, busca a harmonia com a natureza e objetivos diversos do simples crescimento econômico. Tais dispositivos recebem o nome de direitos do bem viver (artigos 12 e seguintes; água, alimentação, meio ambiente, comunicação, cultura, educação, moradia, saúde, trabalho e seguridade social) e seu regime é largamente tratado no texto constitucional. Nela, a natureza apresenta direitos próprios à existência e a seus ciclos vitais, estrutura, funções e processos evolutivos (artigo 71). Merece ainda destaque a previsão de que as políticas públicas buscarão tornar efetivos o bem viver e todos os direitos, e serão guiados pelo princípio da solidariedade (artigo 85, 1) e de que, no desenvolvimento, o bem viver exige que todos gozem efetivamente de seus direitos, e sejam responsáveis de acordo com a interculturalidade, o respeito a suas diversidades e a convivência harmônica com a natureza (artigo 275).

Já a Constituição da Bolívia (Estado Plurinacional da Bolívia) adota como princípio do Estado o valor indígena do Bem Viver (artigo 8º, I). E, na Constituição Brasileira, merecem destaque os seguintes dispositivos:

> Art. 193. A ordem social tem como base o primado do trabalho, e como objetivo o bem-estar e a justiça sociais.

> Art. 205. A educação, direito de todos e dever do Estado e da família, será promovida e incentivada com a colaboração da

---

[10] *"The Government shall protect and strengthen the sovereignty of the Kingdom, provide good governance, and ensure peace, security, well-being and happiness of the people"*

sociedade, visando ao pleno desenvolvimento da pessoa, seu preparo para o exercício da cidadania e sua qualificação para o trabalho.

Outrossim, adiante é visto o impacto da ideia de Felicidade sobre o artigo 3º da Constituição. Tratado dessa maneira, como uma emoção de base que sintetiza a Teoria Constitucional, oferece um contributo integral de humanidade à hermenêutica jurídica ao ser visto também como direito.

A par disso, há iniciativas governamentais, como o do Conselho Econômico, Social e Ambiental francês, que busca análises que substituam o Produto Interno Bruto (PIB) como índice que paute as políticas públicas. Ou, de um ponto de vista mais subjetivo, o Ministério da Solidão, na Inglaterra. Os Emirados Árabes Unidos criaram o Programa Nacional de Felicidade e Bem-Estar[11] com o objetivo de ser um dos cinco primeiros países no índice de felicidade até 2021, com a criação de protocolos de atuação, conselhos, adoção de medidas governamentais e estímulo a iniciativas privadas. Os parâmetros são o dos experts do *Global Happiness Council*[12].

Na Resolução da Assembleia Geral nº 065/309, de 19 de julho de 2011, as Nações Unidas estimularam "os Estados Membros a empreenderem a elaboração de novos índices que reflitam melhor a importância da busca da felicidade e do bem-estar no desenvolvimento de forma a orientar suas políticas públicas."

Nada mais adequado para o desenvolvimento que segue a felicidade.

---

[11] https://www.hw.gov.ae/

[12] http://www.happinesscouncil.org/

Perspectivas

O direito ao desenvolvimento, conforme a política seja exigível em sentido fraco (planejamento), médio (implementação) ou forte (resultados) instrumentaliza uma específica proteção judicial, que pode ser coletiva ou individual. Tudo isso advém da noção jurídica de *Felicidade*.

Enquanto emoção constitucionalizada, a **Felicidade** serve para integrar os outros domínios: **medo, vergonha e raiva**. Qualquer um destes, tomados como emoções únicas da ordem jurídica produzem regimes que dificultam a individualidade: pelo excesso, pela permissividade ou pela tirania.

A Felicidade é a medida, enquanto direito e princípio, que permite compatibilizar essas dinâmicas por estabelecer um norte de desenvolvimento humano.

Ela é relacional e serve, enquanto direito, para **exercer** direitos que possa estar a ser malferidos. Mas também pode ser servir para **exigir** condutas públicas ou privadas, as quais são melhor compreendidas no âmbito do direito ao desenvolvimento.

Isso oferece uma coerência especial ao artigo 3º da Constituição Federal, na medida em que deixa claro que a interpretação não pode ter por único parâmetro as estruturas burocráticas e restritivas, o contínuo ativismo ou a condução sem planos e excepcionalizada. Antes, mostra que o critério para selecionar a conduta adequada é a verificação de qual direção promove maior acessibilidade do indivíduo e da coletividade a sua potencialidade.

A reunião em sociedade não é aleatória. Há objetivos a serem alcançados. E são esses objetivos que validam toda a atividade estatal. Toda norma é destituída e sentido e, portanto, inconstitucional, se não buscar "construir uma sociedade livre, justa e solidária, garantir o desenvolvimento nacional, erradicar a pobreza e a marginalização e reduzir as desigualdades sociais e regionais ou promover o bem de todos, sem preconceitos de origem, raça, sexo, cor, idade e quaisquer outras formas de discriminação." Pode-se observar que todos os itens dizem respeito à eliminação de obstáculos à liberdade de ser ou a criar condições para seu exercício: solidariedade, liberdade, desenvolvimento, inclusão social, bem-estar e eliminação das discriminações. Isso não se consegue sem a adoção de ferramentas criteriosas e mecanismos de avaliação de todos os aspectos das políticas públicas a serem pensadas e implementadas, de forma a que promovam melhoria da qualidade de vida das pessoas.

Nesse plano, vale a pena listar os nove domínios utilizados pelo índice de Felicidade Interna Bruta do Butão, os quais são ensejo a 151 variáveis consistentes e objetivas para avaliar a viabilidade de uma política pública: qualidade de vida, educação, saúde, meio ambiente, vida em comunidade, uso do tempo, bem-estar psicológico, boa governança e promoção cultural.

É indispensável que haja um planejamento que atente para todos esses aspectos de maneira harmonizada e pensada. Sobretudo, na impossibilidade financeira de atender de modo pleno a todos. E isso exige ferramentas e protocolos de análise adequados. É uma violação do direito à Felicidade abandonar um desses domínios sem planejamento e integração com os demais.

Felicidade e Esperança

> "Sua cela é escura como um poço.
> Pintada de negro, de alcatrão;
> está cego e surdo como um morto.
> Não está tão morto. Terá sonhos.
> Não há alcatrão dentro do corpo."
>
> (João Cabral de Melo Neto, *Auto do Frade*)

A Felicidade deriva da Esperança, enquanto virtude. É a liberdade de ser, de sonhar com a própria existência. Daí a expressão "direito à busca da felicidade".

O direito a sonhar é a felicidade. O sonho não pode ser retirado. O direito à felicidade seria o próprio "direito fundamental à esperança"[13]: um direito a poder pensar num futuro[14].

Não apenas a saber que há um futuro, mas que ele seja com melhor qualidade de vida do que as experiências vivenciadas. É um direito a desenvolver integralmente a liberdade de conformação do próprio destino.

---

[13] FRANCISCO, Papa. **Homilia na Vigília Pascal** (Sábado Santo, 11 de abril de 2020). Disponível em:
http://w2.vatican.va/content/francesco/pt/homilies/2020/documents/papa-francesco_20200411_omelia-vegliapasquale.html. Acessado em: 13 abr., 2020.

[14] Cf. https://progressionem.blogspot.com/2020/04/sim-e-grave-o-direito-fundamental.html

AGRADECIMENTOS

Agradeço a Marise Costa e Jefferson Arruda, pelo apoio incondicional ao caminho que não começou sozinho. Também a Mariana de Siqueira, Márcio Azevedo e Paula Castro pelos braços dados. E à primeira geração do FeliCidad: Ábida, Túlio, Noemi, Gaspar, Iago, Cíntia, Nathália, José, Emilly, Amanda, Paula, Maria, Rebeca e Natália.

@felicidadania_

basefelicidadania@gmail.com

Felicidade e Cidadania Grupo de Pesquisa

progressionem.blogspot.com

@FabianoMendonca

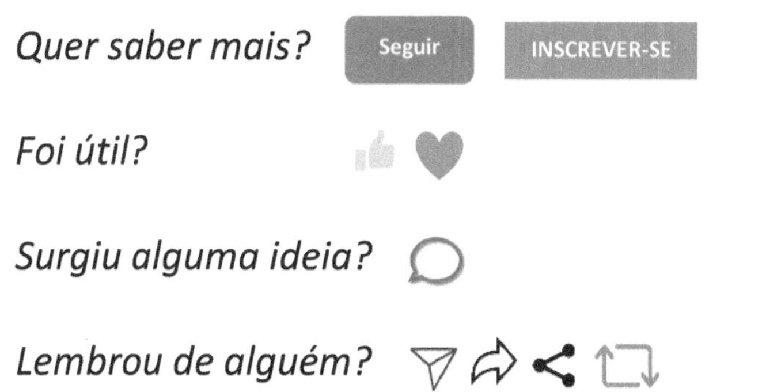